parti priodas

Gruffudd Owen

sebra

Cyhoeddwyd yng Nghymru yn 2024 gan Sebra,
un o frandiau Atebol, Adeiladau'r Fagwyr,
Llanfihangel Genau'r Glyn, Aberystwyth, Ceredigion SA24 5AQ

ISBN 978-1-83539-006-1

Dyluniwyd gan Owain Hammonds
Llun clawr: Mark Henry Davies a Mared Llywelyn
Llun gan Kristina Banholzer. Dyluniad gan Kelly King

sebra.cymru

Os am ganiatâd i berfformio'r ddrama hon, cysyllter â Theatr Genedlaethol Cymru,
Yr Egin, Heol y Coleg, Caerfyrddin SA31 3EQ
theatr.cymru

Argraffwyd yng Nghymru

Theatr Genedlaethol Cymru yw'r cwmni theatr cenedlaethol iaith Gymraeg.

Ry'n ni'n creu theatr i Gymru, yn teithio profiadau theatr beiddgar ledled y wlad a thu hwnt, i ddiddanu ac ysbrydoli pobl o bob oed. Ein gweledigaeth yw creu man i ddod ynghyd, i gysylltu'r adnabyddus a'r annisgwyl, i Gymreictod a'r byd, i drafod yn ddwys ac i godi'r galon.

Dydyn ni byth yn aros yn ein hunfan. Mae ein cynyrchiadau – sydd wedi'u creu ar gyfer ac mewn cydweithrediad â phobl Cymru – yn ymateb i'r byd o'n cwmpas ac yn adlewyrchu profiadau bywyd yng Nghymru heddiw, trwy roi llwyfan i amrywiaeth o leisiau a straeon.

Ry'n ni'n cofleidio'r clasuron ac ysgrifennu newydd, gwaith dyfeisiedig ac arbrofol, sioeau cerdd a phartneriaethau annisgwyl, a theatr i blant a phobl ifanc. Ry'n ni hefyd yn cynnal prosiectau addysg, lles a chyfranogi i roi'r cyfle i bobl ym mhob cwr o Gymru brofi effaith trawsnewidiol creadigrwydd ar eu bywydau.

Ry'n ni'n credu bod y Gymraeg yn perthyn i bawb. Mae dyfodol yr iaith yn treiddio trwy bopeth y gwnawn. Ry'n ni am weld diwylliant Cymraeg cyfredol a chroesawgar yn ffynnu. Wrth feithrin talent, denu pobl i'r iaith, ac archwilio Cymreictod rydym yn cyfrannu at ddyfodol yr iaith a hyder ei defnydd.

Mae'r Theatr Gen yn perthyn i chi.

Gyda Steffan Donnelly yn arwain fel Cyfarwyddwr Artistig ers 2022, ochr yn ochr â'i Gyd-Brif Weithredwr Angharad Jones Leefe (mae'r ddau yn rhestr *The Stage 100* o bobl fwyaf dylanwadol byd y theatr), mae oes newydd yn gwawrio.

Enwebwyd fel Cynhyrchydd y Flwyddyn – Gwobrau *The Stage* 2024.

Theatr Genedlaethol Cymru

TÎM RHEOLI

Cyfarwyddwr Artistig a Chyd-Brif Weithredwr
Steffan Donnelly

Cyfarwyddwr Gweithredol a Chyd-Brif Weithredwr
Angharad Jones Leefe

Cyfarwyddwr Cynhyrchu   Rhian Davies

CYFRANOGI

Cydlynydd Cyfranogi   Sian Elin James

CYLLID A GWEINYDDIAETH

Swyddog Gweithrediadau   Nerys Evans

Swyddog Cyllid   Lisa Ronan

CYNHYRCHU

Pennaeth Cynhyrchu   Gareth Wyn Roberts

Rheolwr Cynhyrchu Cwmni   Caryl McQuilling

BYWGRAFFIADAU

Gruffudd Owen: Dramodydd

Ar ôl astudio am radd yn y Gymraeg ym Mhrifysgol Aberystwyth, aeth Gruffudd yn ei flaen i lunio traethawd MPhil ar ddramâu W.S. Jones (Wil Sam). Ar ôl rhai blynyddoedd o weithio fel golygydd stori i *Pobol y Cwm*, mae Gruffudd bellach yn gweithio fel awdur a sgriptiwr ar ei liwt ei hun. Yn 2019, perfformiwyd drafft cynnar o *Parti Priodas* fel rhan o Gynllun Dramodwyr Newydd Theatr Genedlaethol Cymru. Mae Gruff hefyd yn fardd, a fo oedd Prifardd Cadeiriol Eisteddfod Genedlaethol Caerdydd 2018. Mae'n awdur dwy gyfrol o gerddi, *Hel Llus yn y glaw* (2016) a *Mymryn Rhyddid* (2023).

Steffan Donnelly: Cyfarwyddwr

Steffan Donnelly yw Cyfarwyddwr Artistig a Chyd-Brif Weithredwr Theatr Genedlaethol Cymru. Ar ôl graddio o'r Guildhall School of Music and Drama yn Llundain, sefydlodd Gwmni Theatr Invertigo sydd wedi teithio ledled Cymru ac yn rhyngwladol gyda sawl cynhyrchiad megis *Saer Doliau*, *Y Tŵr*, *My Body Welsh*, *My People*, *Derwen*, a Gŵyl Rithiol Pererindod. Mae ei waith diweddar fel cyfarwyddwr yn cynnwys *Rhinoseros*, *Kiki Cymraeg*, *Gwlad yr Asyn* (Theatr Genedlaethol Cymru) a ffilmiau byrion *Monologau'r Maes* gyda Siân Phillips a John Ogwen (Eisteddfod Genedlaethol Cymru). Mae ei waith fel actor yn cynnwys gweithio yn y Barbican, Theatr Clwyd, a sawl tymor yn Shakespeare's Globe. Cyhoeddwyd dwy o'i ddramâu, a sefydlodd y llyfrgell ddigidol www.dramau.cymru tra'n astudio am radd yn King's College Llundain. Mae Steffan yn un o sylfaenwyr Llawryddion Celfyddydol Cymru (Tasglu Llawrydd Cymru gynt, yn ymateb i effaith y pandemig ar y sector llawrydd). Cafodd ei enwi yn un o bobl mwyaf dylanwadol byd theatr yn rhestr *The Stage 100* yn 2024.

Mark Henry Davies: Actor

Mae Mark yn actor o Gricieth a hyfforddwyd ef yng Ngholeg Brenhinol Cerdd a Drama Cymru. Mae ei waith yn cynnwys: *The Way* (BBC); *The Christmas Carol A Live Radio Play* (Lighthouse Theatre); *Bravo Two Charlies* (BBC Radio Wales); *Of Mice & Men* (Torch Theatre); *The Arandora Star* (Theatr na nÓg); *Itopia*, *Rownd a Rownd* (S4C); *In The Blood* (Cwmni Richard Burton);

Sgidie, Sgidie, Sgidie (Theatr Genedlaethol Cymru) a *Ripples* (National Theatre of Wales).

Mared Llywelyn: Actor
Mae Mared yn ddramodydd sydd hefyd yn gwneud gwaith ysgrifennu a chynnal gweithdai amrywiol. Mae'n aelod o Gwmni Tebot sy'n ysgrifennu, perfformio a chyfarwyddo gwaith newydd gyda'r nod o ddarparu adloniant i bobl yng nghalon eu cymunedau. Mae hi hefyd yn Swyddog Addysg a Gwirfoddoli gyda phrosiect Plas Carmel yn Anelog, Llŷn.

Luned Gwawr: Cynllunydd Set a Gwisgoedd
Addysg a hyfforddiant: 'Design for Performance' yng Ngholeg Brenhinol Cerdd a Drama Cymru, Caerdydd.

Gwaith theatr yn cynnwys: Fel Cynllunydd Set a Gwisgoedd: *Golygfeydd o'r Pla Du* (Theatrau Sir Gâr); *Creigiau Geirwon* (Cwmni Pendraw); *Arandora Star*, *Just Jump* (Theatr na nÓg); *The Precious Thing* (Inverted Theatre); *Llygoden yr Eira* (Theatr Genedlaethol Cymru/Theatr Iolo); *Anarchist Mobile Library*, *Perfect* (Tessa Bide Productions); *Pryd Mae'r Haf*, *X*, *Milwr yn y Meddwl*, *Hollti*, *Rhith Gân* (Theatr Genedlaethol Cymru); *Penblwydd Poenus Pete* (Theatr Iolo); *La Bohème* (Opera Up Close); *Into the Woods* (UWTSD); *Room to Escape* (NTW).

Fel Cynorthwyydd Cynllunio: *Cost of Living* (NTW); *Galwad* (Unboxed a NTW); *The Famous Five* (Chichester a Theatr Clwyd); *Macbeth* (Leeds Playhouse); *Romeo and Julie* (National Theatre a Theatr Sherman, taith y DU); *Oliver* (Leeds Playhouse, taith y DU); *A Midsummer Night's Dream* (Regent's Park Theatre); *Pinocchio, A Christmas Carol, Hansel and Gretel* (Citz Theatre); *Snow White, Kite* (Wrong Crowd Theatre Company); *Winnie the Witch* (Birmingham Rep Theatre); *Y Cylch Sialc* (Theatr Genedlaethol Cymru), *Nawr yr Arwr/Now The Hero* (14–18 Now); *Tiger Bay The Musical* (Canolfan Mileniwm Cymru); *Y Tŵr* (Theatr Genedlaethol Cymru a Music Theatre Wales).

Gwaith ffilm a theledu yn cynnwys: Prynwr Cynorthwyol ar *The Outlaws* (BBC/Amazon Prime); *Helfa'r Heli*; Enillydd BAFTA Cymru am y Ffilm Fer orau (S4C); *Leonard's Neighbours, Ludo* (BBC It's My Shout).

Gwobrau: Hyfforddai Gorau'r Adran Gelf – BBC It's My Shout; Gwobr Goffa J.O. Frances; Gwobr Cymry Llundain; Gwobr y Theatr Newydd Caerdydd.

Jane Lalljee: Cynllunydd Golau
Mae Jane yn gynllunydd golau sy'n byw yng Nghaerdydd.

Prosiectau ar y gweill yn cynnwys: *Tidy* (Polka Theatre), *Dracula* (Stephen Joseph Theatre/Bolton Octagon)

Prosiectau diweddar yn cynnwys: *Circle of Fifths* (National Theatre Wales), *Around the World in 80 Days* (Bolton Octagon), *Jeeves and Wooster in Perfect Nonsense* (Salisbury Playhouse/Bolton Octagon), *Now and Then* (English Theatre, Frankfurt), *The Card* (New Vic Theatre, Newcastle Under Lyme), *Rose* (Ambassador's Theatre, West End), *Cost of Living* (National Theatre Wales), *Song From Far Away* (HOME, Manchester), *Aladdin* (Harrogate Theatre), *Constellations* (Stephen Joseph Theatre), *Right Where We Left Us* (Chapter Theatre), *Rose* starring Maureen Lipman (Hope Mill, Manchester, Park Theatre, London), *One Man, Two Guvnors* (Bolton Octagon), *Circle of Fifths* (National Theatre Wales), *I Wanna Be Yours* (Leeds Playhouse), *Grandmother's Closet* (Wales Millennium Centre), *The House With Chicken Legs* (Les Enfants Terribles/HOME), *Wind in the Willows* (Taunton Brewhouse), *Peter Pan* (Bolton Octagon), *Antigone* (Storyhouse), *Meet Me at Dawn* (HER Productions/Hope Mill), *Ghost Light* (Concept and lead artist at Ffwrnes Theatr), *The Storm* (M6 Theatre), *Dr Korczak's Example* (Leeds Playhouse), *Giraffes Can't Dance* (Leicester Curve).

Cêt Haf: Cyfarwyddwr Symud
Mae Cêt Haf yn berfformiwr llawrydd sydd wedi gweithio gyda nifer o gwmnïau theatr, dawns a theledu Cymru ers dros ddeng mlynedd. Mae'n arbenigo mewn dawns ac yn mwynhau plethu doniau symud, actio, ysgrifennu a darlunio er mwyn creu gweithiau aml-ddisgyblaeth. Yn ogystal â pherfformio mae'n gweithio fel coreograffydd a bu'n cydweithio a chreu nifer o sioeau gydag artistiaid a chwmnïau ar lwyfannau mawr, bach, digidol ac awyr agored ar draws y wlad.

Sam Humphreys: Cyfansoddwr
Mae Sam Humphreys yn Gynhyrchydd / Cerddor / DJ o Nefyn. Dros y 10 mlynedd ddiwethaf, mae Sam wedi gweithio gyda nifer o fandiau ac artistiaid ledled Cymru fel Calan, No Good Boyo, Pendevig, Kizzy Crawford, MRPHY, a Bryn Terfel. Hefyd, mae wedi teithio'n helaeth ac wedi chwarae i gynulleidfaoedd rhyngwladol, mewn lleoliadau fel y Royal Albert Hall gyda Sting, a chanolfannau ledled y DU, Ewrop, Awstralia, Asia a Gogledd America.

Ochr yn ochr â'i yrfa fel cerddor teithiol, mae Sam wedi bod yn cyfansoddi a chynhyrchu cerddoriaeth electronig, dywyll o dan yr enw Shamoniks, ac yn cydweithio gyda nifer o artistiaid fel Eadyth, Beth Celyn a Switch Fusion, yn ogystal â chyfansoddi a rhyddhau deunydd solo. Yn 2019, fe gyfansoddodd a pherfformiodd gerddoriaeth ar gyfer y cynhyrchiad *Saethu Cwningod / Shooting Rabbits* (Powderhouse, Sherman Theatre a Theatr Genedlaethol Cymru) ac yn 2021 a 2022, roedd yn gyfansoddwr ac yn berfformiwr yng nghynhyrchiad Theatr Genedlaethol Cymru o *Gwlad yr Asyn*. Mae wedi rhyddhau deunydd solo drwy Mindstorm Records a DNBB Recordings, a hefyd wedi creu label ei hun o'r enw UDISHIDO records i ryddhau ei gerddoriaeth ei hun, yn ogystal â gwaith artistiaid annibynnol eraill o Gymru.

Marged Siôn: Cyfarwyddwr Llais
Prosiectau'n cynnwys: *Atlantic Railton, Radio Ballads, Rory Pilgrim: RAFTS Live* (Serpentine Galleries), We Rise Barking & Dagenham, *Collective Rage* (RWCMD), Ebun Sodipo, Jasleen Kaur, Deborah Joyce-Holman, RADA, NYU.

Gwaith teledu yn cynnwys: *The Mercury Music Awards, Big Breakfast, Joe Lycett Pride Show, The Graham Norton Show, Prioritise Pleasure + I Do This All The Time* (Self Esteem music videos), *Later… with Jools Holland, Jools Holland Hootananny, The Late Late Show with James Corden.*

Perfformiadau gwyliau cerddoriaeth yn cynnwys: Glastonbury, Montreux Jazz, SXSW, Sŵn, Greenman Festival, Latitude, Festival Number 6.

Gwaith radio yn cynnwys: *BBC1Xtra Jamz Supernova, BBC Woman's Hour, Radio 1 Live Lounge, Jo Whiley Sessions, Huw Stephens* (BBC Radio Cymru).

Gwaith stiwdio yn cynnwys: *Radical Softness, You Are Not a God* (Marged), *Prioritise Pleasure* (Self Esteem, vocals).

Gwaith theatr fel Cyfarwyddwr Llais yn cynnwys: *Pijin / Pigeon* (Theatr Genedlaethol Cymru, Theatr Iolo).

Y wasg: Billboard Premiere, Guardian, BBC, Rolling Stone.

Cafodd *Parti Priodas* ei pherfformio am y tro cyntaf yn Eisteddfod Genedlaethol Llŷn ac Eifionydd 7–10 Awst 2023, cyn mynd ar daith genedlaethol 20 Ebrill–18 Mai 2024.

CAST
Idris   Mark Henry Davies
Lowri   Mared Llywelyn

TÎM CREADIGOL
Cyfarwyddwr   Steffan Donnelly
Dramodydd   Gruffudd Owen
Cynllunydd Set a Gwisgoedd   Luned Gwawr
Cynllunydd Golau   Jane Lalljee
Cyfarwyddwr Symud   Cêt Haf
Cyfansoddwr   Sam Humphreys
Cyfarwyddwr Llais   Marged Siôn

CRIW CYNHYRCHU
Rheolwr Llwyfan   Carys-Haf Williams
Perianydd Goleuo   James O'Neill
Peiriannydd Sain   Guto Evans
Rhaglennydd Goleuo   Cara Hood

Canllaw Oed: 16+
Yn cynnwys iaith gref, themâu aeddfed a chyfeiriadau at ddefnydd o gyffuriau, alcoholiaeth, iselder a galar.

Cynhyrchiad Theatr Genedlaethol Cymru
Gyda diolch i Eisteddfod Genedlaethol Cymru, Sebra a Chyngor Celfyddydau Cymru.

Drama i ddau actor.

Mae un actor yn chwarae rhannau Idris, Eurwyn, Peter, Gloria, Margaret, Lona a Dyn Clwb Hwylio. Mae'r actor arall yn chwarae rhannau Lowri, Mari, Gweinidog, Tom, Gwil, Galwr, Ffiona a Hen Ddyn.

Mae Idris a Lowri, ill dau yn eu tridegau cynnar yn cerdded ar y llwyfan. Mae Idris mewn siwt fymryn yn shabi ac mae Lowri mewn ffrog morwyn briodas sydd ddim wir yn ei siwtio hi.

Idris: Deulu a chyfeillion annwyl, ga'i eich sylw os gwelwch yn dda?

Lowri: Dearest friends and family, may I have your attention please?

Idris: Croeso mawr i farcî swanc mewn cae rhywle ym Mhen Llŷn.

Lowri: Welcome to a fabulous marquee somewhere on the Lleyn peninsula.

Idris: Neu 'Cheshire by the Sea'...

Lowri: ...(to our English friends).

Idris: Croeso deulu.

Lowri: Welcome family.

Idris: Croeso ffrindiau.

Lowri: Welcome friends, i barti priodas Dafydd a Samantha!

Idris: To Dafydd and Samantha's wedding party!

Lowri: Priodas y flwyddyn!

Idris: Priodas y ganrif!

Lowri:	Priodas a gostiodd lawer mwy na phum mil.
Idris:	Ac fel mae'r dwyieithrwydd llafurus yn ei awgrymu – priodas gymysg.
Lowri:	A mixed marriage.
Idris:	Priodas rhwng mab ffarm o Gymro…
Lowri:	…a Saesnes o Lŷn.
Idris:	A marriage between… sori, gawn ni stopio efo'r dwyieithrwydd llethol, neu mi fyddwn ni yma drwy'r nos?
Lowri:	Iawn. Fy enw i ydi Lowri.
Idris:	A f'enw i ydi Idris.
Lowri:	Rydw i yn chwaer i Dafydd y priodfab.
Idris:	Ac rydw inna'n ffrind gorau i Dafydd… wel, ffrind hynaf.
Lowri:	Dwi hefyd yn forwyn briodas i Samantha.
Idris:	Wele'r ffrog.
Lowri:	Dwi'n casáu'r ffrog.
Idris:	Mae'r ffrog yn tsiampion.
Lowri:	Dwi'n edrych 'tha treiffl.
Idris:	Mae treiffls yn neis.
Lowri:	Dwi'n casáu treiffls. A dwi'n dechra casáu priodasa', achos pan ti'n cyrraedd oed ni…
Idris:	…ti 'di bod i lwyth o'r ffernols.
Lowri:	Maen nhw'n lyfli…

Idris:	…ond maen nhw'n boring.
Lowri:	Ac mae 'na jans bod chdi am neud twat o chdi dy hun…
Idris:	…yn enwedig os ti'n mynd i chwydu dros sgidia nain rhywun… eto.

Saib.

Idris:	Gyda llaw… tydan ni'n dau ddim efo'n gilydd.
Lowri:	O God, nadan!
Idris:	Da ni'n nabod ein gilydd wrth gwrs.
Lowri:	Ers blynyddoedd.
Idris:	Ond sna'm byd rhyngtha ni.
Lowri:	Nag oes!

Saib lletchwith iawn.

Lowri:	Mae o wedi gweld ffani fi.
Idris:	Dwi wedi gweld ffani hi.
Lowri:	Flynyddoedd yn ôl.
Idris:	Ond nath na'm byd ddigwydd!
Lowri:	A di'r sioe yma ddim ynglŷn â hynny, rili…
Idris:	Na, sioe am briodas Daf a Samantha di hon.

Saib lletchwith arall.

Lowri:	Anghofiwch am y busnas ffani.
Idris:	Da ni wedi!
Lowri:	Achos maen nhw gyd run fath yn diwadd dydyn?
Idris:	Ffanis?

Lowri:	Priodasa!
Idris:	O! Ydyn.
Lowri:	Cyffro cyn cyrradd, gwisgo'n neis... wel... neis-ish...
Idris:	...gwasanaeth diflas...
Lowri:	...taflu conffeti...
Idris:	...sglaffio canapés...
Lowri:	...canmol dillad pobol erill...
Idris:	...cyn bitshio amdanyn nhw tu ôl i'w cefna. Methu cofio be nes 'di ordro...
Lowri:	...*pâté*, cyw iâr a meringue?
Idris:	...ta cawl, bîff a brownie?
Lowri:	Teimlo'n bendant bod y bwrdd drws nesa yn cael mwy o hwyl nag un chdi...
Idris:	...buta gormod...
Lowri:	...yfad gormod...
Idris:	...dawnsho'n wirion...
Lowri:	...deud petha gwirion...
Idris:	...colli urddas y dydd...
Lowri:	...dry-hympio ar y dansfflôr...
Idris:	...dos iach o hunan gasineb...
Lowri:	...crïo yn y toilets.
Idris:	Ail-wynt!
Lowri:	Mwy o ddawnsho!

Idris: Gwely.

Saib.

Lowri: Mae o bach o ffaff dydi?

Idris: Jyst i ddathlu bod cwpwl sydd efo'u gilydd ers blynyddoedd yn cyfadda na wnawn nhw fyth ffeindio rhywun gwell.

Lowri: Dwi'n caru mrawd... a dwi'n dymuno'r gora iddo fo a Sam a dwi'm isho bod yn sinic...

Idris: ...ond weithia mae angen cwestiynu...

Lowri: ...pam ffwc sa unrhyw un yn gneud hyn?!

Idris: Wel...'di neb isho marw ar ben ei hun, nag oes?

Newid golau.

Lowri: Ar fore'r briodas dwi'n codi am chwartar i bump i odro achos dyna dwi'n neud bob bora. Mae nhad yno'n barod.

Mae Eurwyn yn godro. Nid yw'n troi i edrych at Lowri.

Eurwyn: Ti'n hwyr bora 'ma.

Lowri: Nadw. Chi sy'n gynnar.

Eurwyn: Methu cysgu o'n i.

Lowri: Poeni am yr araith da chi?

Eurwyn: Na.

Lowri: Pam nad ewch chi nôl i'ch gwely? Gorffwys rhywfaint?

Eurwyn: Mi orffennwn ni'n gynt fel hyn. Ti angen digon o amser i bincio dwyt?

Saib.

Lowri: Dwi 'di hongian ych siwt o flaen wardrob.

Eurwyn: Diolch.

Saib.

Eurwyn: Chwara teg i Samantha am ofyn i chdi fod yn forwyn de… sa dy fam 'di bod yn falch iawn.

Lowri: Fydd heddiw'n tsiampion 'chi, Dad.

Saib.

Lowri: 'Da ni'n godro efo'n gilydd mewn tawelwch. Mae'r gwartheg yn teimlo'n gynnas braf dan 'y nwylo i. Tydyn nhw ddim callach bod heddiw'n ddim gwahanol i'r arfer. Mae nhad yn edrych yn fach heddiw, fel tasa fo di crebachu dros nos.

Sŵn larwm.

Idris: Dwi'n deffro am chwech, yn fy nhŷ teras tamp yng Nghaerdydd. Dwi'n dal 'di meddwi ers noson cynt ond sgen i'm amser i sobri, achos dwi angan bod ar y lôn yn syth os dwi am gyrraedd y gwasanaeth mewn pryd. Dwi'n cymryd swig o mouthwash ac yn rhoi ffluch i'n siwt a'n sgidia i gefn car ac yn ei sgrialu hi fyny'r A470. Dwi'm yn cofio fawr ddim o'r awr gynta. Mi ddyliwn i 'di gyrru fyny neithiwr. Ond mae hi'n fore braf… ac mae hyd yn oed Powys yn edrych yn dlws o dan yr awyr las. A dwi 'di gwirioni… achos dwi'n mynd i briodas Dafydd… wedyn dwi'n cofio mod i 'di anghofio'r cardyn a'r cheque ar fwrdd y gegin…

Lowri: Mae hi'n fore braf... a dwi 'di cyrraedd tŷ Samantha ac mae Peter, ei thad hi, yn agor y drws i mi.
Mae o'n sbïo'n wirion arna i, cyn gweiddi dros i ysgwydd...

Peter: Samantha, Daf's sister's here.

Lowri: Dwi'm yn meddwl fod o'n cofio fy enw i. Dwi'n dringo'r grisha i sdafall wely anfarth Samantha lle mae hi a'r ddwy forwyn arall yn cael gwneud eu gwalltia ac yn siarad Susnag efo'i gilydd. "Haia, ti'n iawn?!", medda Samantha m'bach rhy glên. Mae'r ddwy arall jyst yn gwenu'n lletchwith. Mae Samantha 'di magu yma ac yn medru Cymraeg yn iawn ac mae hi wastad yn gneud efo fi, chwara teg... ond cyn hir mae hi a'r ddwy arall yn ôl yn siarad Susnag efo'i gilydd. Dwi'n gwbod mai mond 'ran cwrteisi ddaru Sam ofyn i mi fod yn forwyn – dwi'm isho gwisgo'r blincing ffrog 'ma... ond o'n i methu gwrthod chwaith.

Mae Peter yn cerdded i mewn efo gwên wirion ar ei wynab o...

Peter: You look gorgeous!

Lowri: Medda fo wrth y gweddill.

Peter: All three of you.

Lowri: Fi di'r bedwaredd. Mae Sam yn teimlo cwilydd ond 'di Pete ddim yn sylwi. Ar ôl i bawb wisgo a phincio a thynnu llunia rydan ni o'r diwedd yn cael mynd allan i yrru i'r capal, ond does na'm sôn o'r tacsi achos mae rhieni Samantha 'di trefnu sypreis iddi. Dau geffyl yn tynnu cert. Mae pawb 'di gwirioni...

Gloria: It's like something from Disney!

Lowri: … medda Gloria, mam Sam. Be 'di o efo Saeson a'u Ceffyla? Dwi'n gwbod mod i'n bod yn hen bitsh, achos maen nhw'n bobol "neis".

Ond maen nhw 'di bod yma ers dros ugian mlynadd… a dio'm yn siarad gair o Gymraeg. Mi aeth Gloria i wersi… ond na'th hi'm byd ond cwyno am y treigladau a rhoi'r gorau ar ôl tymor.

Mae hi'n mynd i fod yn ddiwrnod hir. Ond dwi'n dal i wenu… achos dyna dwi wastad 'di neud… gwenu a gwenu nes bod y ngwynab i'n brifo…

Idris: Mae hi'n mynd i fod yn ddiwrnod hir felly dwi'n stopio yn y *Greggs* ganol nunlla 'na am goffi du a sosij rôl. Dwi'n tecstio Daf i ddeud "Dwi ar fy ffordd! Pob lwc heddiw!" ac wedyn dwi'n difaru braidd. Dio'm angen gwbod mod i ar fy ffordd – dylai pawb sy'n dod i'r briodas fod "ar eu ffordd".

Dwi'n picio i'r tŷ bach ac yn sbïo ar fy hun yn y drych. Ddyliwn i fod 'di siafio a 'di nghrys i ddim cweit mor wyn ag o'n i 'di feddwl. Mae'r *hipflask* gin i yng nghefn y car. Nesh i'n saff bod honna gin i cyn gadael. Mae 'na decst yn cyrraedd gin Daf. "Diolch ti boi! Edrych mlaen at dy weld di!". Do'n i'm 'di disgwyl iddo fo'n ateb i, chwara teg iddo fo.

Mae'r stop sosij rôl 'di golygu mod i braidd yn hwyr. Fydd raid imi fomio mynd dros Glywedog, sbîd limit neu beidio. Ond mae'r coffi'n dechra cicio mewn a dwi'n barod amdani.

Lowri: 'Da ni ugian munud yn hwyr yn cyrraedd y capal ac mae Pete yn mynnu cyfeirio at y lle fel "the church", sy'n gwylltio fi lot mwy nag y dylia fo. Mae'r lle'n llawnach na dwi rioed 'di weld o.

Fedri di weld yn syth pwy 'di ochor ni o'r teulu a phwy 'di ochor hi. Ar un ochr – siwtia tyn llachar. Gwalltia *Peaky Blinders*. Ac ar y llall, sideburns, dulo ffarmwrs a siwtia duon – fel tasa nhw mewn angladd. Dwi'n sbïo ar Dafydd ac mae o'n edrych yn debycach i teulu nhw na teulu ni. Mae o 'di cael ei walld 'di dorri fel nhw.

Idris: Dwi'n parcio'n flêr o flaen giatia'r fynwent achos does 'na nunlla arall. Dwi'n gwbod mod i'n hwyr ond dwi dal angan rhoi fy nhei a'n jaced mlaen. Mae'r jaced yn drewi o chwys a ffags ac mae taflen angladd yncyl John dal ynddo fo ers gaea dwytha. Dwi'n sleifio mewn i gefn y capal a 'di neb yn sylwi arna i, diolch i'r drefn.

Lowri: Dwi'n gweld Idris yn sleifio fewn ar ganol y gwasanaeth. Golwg giami arno fo.

Idris: Mae'r Gweinidog yn amlwg yn mwynhau cael llond capal ac mae'r twat yn mynnu mynd nôl a mlaen rhwng Susnag a'r Gymraeg. Mae o llawn mor ddiflas yn y ddwy iaith.

Lowri: Yn Susnag mae'r llwon. Bob gair.

Idris: Mae golwg 'di diflasu ar y Saeson. Tydyn nhw'm 'di arfar efo'r holl grefydd a seddi calad capal 'ma naddo?

Lowri: Mae 'na lot mwy ohonyn nhw na ni.

Idris: Pan mae pawb yn meddwl fod yr holl shbîl drosodd mae Mari, ryw gyfneithar i Dafydd, yn codi ar ei thraed yn barod i neud wbath…

Mari: Haia!

Idris: …ac ma' nghalon i'n suddo. Mae hi am ddarllen cerdd tydi?

Mari: "Priodas" gan Dic Jones.

Idris: Ffocing barddoniaeth.

Mari: Dwy galon, un dyhead,
Dwy dafod ond un iaith,
Dwy raff yn cydio'n ddolen,
Dau enaid ond un daith.
Fe fydd cwmnïaeth yn parhau,
Nid oes unigrwydd lle bo dau.

Idris: Os glywa i honna yn cael ei hadrodd mewn gwasanaeth priodas arall leni, fyddai 'di saethu rwbath.

Lowri: Dwi'n sbïo ar Dad… o'n i'n poeni y basa fo dan deimlad… ond dydi o ddim.

Yn ystod y fendith pan mae pawb yn plygu'u penna'n esgus gweddïo dwi'n clywad cwpwl o bobol yn sniffian. A phan da ni'n codi'n penna dwi'n gweld un neu ddau o griw'r Clwb Hwylio yn rhwbio'u trwyna ac yn sbïo'n slei ar 'u gilydd. Maen nhw newydd snortio cocên oddi ar y silff cymun! Dwi'n dri deg dau a dwi rioed 'di cymryd cocên. Dwi rioed 'di gneud lot o betha. Dafydd di'r un sy'n gneud petha yn teulu ni.

Idris: Ar ddiwedd y gwasanaeth 'da ni gyd yn sefyll tu allan i daflu conffeti. Mae Anti Margaret, ein hen athrawes ysgol Sul ni yn ffysian dros dei Dafydd, ac ma' fynta'n chwerthin ac yn gadael iddi neud, achos bod o'n glên felly. O'n i'n gobeithio y basa fo'n dal 'yn llygad i tra roedd Anti Margaret yn clywcian... ond ddaru o ddim. Wrthododd o'n lân â ngweld i.

Dwi'n cymryd swig bach slei o'r *hipflask*.

Newid golau i awgrymu newid mewn gofod ac amser.

Lowri: Mae'r wledd briodas mewn marcî ar ein caeau ni.

Idris: Mae hi'n braf 'ma yn yr awyr iach a phawb yn falch o gael dianc rhag ogla Duw a farnish capal.

Lowri: Sa hi 'di bod lot haws a rhatach cynnal o mewn gwesty.

Idris: Mae'r genod yn tynnu selffis ac mae dynion yn yfad *Peronis* a does 'na ddim ogla slyri ar gyfyl y lle.

Lowri: Fi a Dad gododd y ffensys ma'i gyd. Mae pawb yn deud bod o'n le braf. Ac mae o... ganol haf de... ddim gymaint dechra Chwefror pan ti'n cerddad drwy'r mwd i ffeindio haid o frain yn tynnu llygaid o ben oen bach.

Idris: Dwi'n nabod llai o bobol nag o'n i'n meddwl y baswn i... ac mae rhai o'r bobol o'n i'n meddwl mod i'n nabod yn fodlon efo jyst "Iawn?" bach sydyn.

Lowri: "Fel 'na ma'i," medda Dad. "Hen fyd felly 'di hi."

(wrth y gwesteion) Hello, how are you? Nice to see you!

Idris: Mae Dafydd a Samantha wedi mynd lawr i'r traeth i gael tynnu lluniau. Y props yn nrama pobol erill ydan ni – yn cicio'n sodlau yn y tir neb 'na rhwng y gwasanaeth a'r bwyd…

Lowri: Diolch i chi. Da ni 'di bod yn lwcus efo'r tywydd, do?

Idris: … yn buta *vol-au-vents* a gwenu ac esgus bod ni'n dyst i ddigwyddiad bythgofiadwy ac unigryw… pan mewn gwirionedd… da ni 'di gweld o'i gyd ganwaith o'r blaen.

Lowri: Dwi'n atgoffa fy hun mai mond diwrnod ydi o… fedra i ddal i wenu am ddiwrnod, siawns…

Idris: Mwya sydyn mae Dafydd a Samantha yn eu holau… ac mae pawb yn clapio… dim bod nhw 'di gneud dim byd i haeddu hynny.

Lowri: Ond wedyn mae'n rhaid i ni gael y blydi llun gwirion sy'n cynnwys pawb, does?!

Idris: A 'da ni gyd yn sglwitshio'i mewn rhywsut rhywsut.

Lowri: A 'di neb yn rhy siŵr lle i sefyll.

Idris: Neb isho bod yn rhy agos at y pâr priod.

Lowri: Ac mae 'na gyfuniada randym iawn o bobol yn sefyll wrth ei gilydd.

Idris: Hen bobol pum troedfedd yn mynnu sefyll tu ôl i ferched mewn sodla, achos tydyn nhw'm yn dallt sut mae taldra'n gweithio!

Lowri: Cariad ryw hogan o'r Clwb Hwylio yn sefyll yn bowld rhwng Dad a Daf, lle basa Mam 'di sefyll…

Idris: Ac ar ôl ram dam iawn gan y ffotograffydd i neud yn siŵr fod pawb yn gallu gweld o, 'da ni gyd yn deud…

Lowri ac Idris: Cheese!!

Lowri: Dwi'n dechra chwysu drwy'r ffrog 'ma… sut ddiawl bod y ddwy forwyn arall dal yn edrych mor ffresh?!

Idris: Maen nhw'n deud fod 'na rai pobol ym mhob priodas sy'n gweld y pâr priod am y tro olaf…

Saib. Mae Idris yn tynnu hipflask allan o'i boced.

Idris: Dwi'n cael sip bach o hon… a dwi'n cerddad mewn i'r gweinidog.

Mae Idris a'r gweinidog yn taro mewn i'w gilydd.

Gweinidog: W, ddiwg gen i.

Idris: Sori, y mai i…

Gweinidog: Anwastad braidd di'r cae 'ma te?! Ond lle braf.

Idris: Ydi braf iawn…

Gwasanaeth neis.

Gweinidog: Diolch yn fawr i chi. Darlleniadau tlws iawn yn toeddan?

Idris: Oeddan. Fydda i wrth fy modd efo bach o Dic.

Saib.

Gweinidog: Sori?

Idris: … Dic Jones… *Priodas.* Y gerdd…

Gweinidog: O… ia…

Saib.

Gweinidog: Sut ydach chi'n nabod y pâr priod?

Idris: Ffrind gora Dafydd.

Gweinidog: O reit… dim chi oedd y gwas?

Idris: Na.

Gweinidog: Un o'r yshyrs felly?

Idris: Na.

Saib.

Idris: *(wrth y gynulleidfa)* Ok… rŵan mae hi'n awkward. Achos, os dwi'n onest… o'n i'n hanner disgwyl cael bod yn yshyr… o'n i 'di *gobeithio* cael bod yn was… dwi'm yn gwbod be'i ddeud rŵan… 'di fynta chwaith… felly ffycit – dwi am drafod diwinyddiaeth efo'r gweinidog.

Gweinidog: Da ydi'r petha bach *vol-au-vents* 'ma…

Idris: *(wrth y gweinidog)* Ydi hi'n anodd cynnal gwasanaeth priodas pan 'da chi'n gwybod bod bron neb yn y capal yn credu yn Nuw?

Gweinidog: Wel… ie… dyna un ffordd o edrych ar bethau, ond…

Idris: Dwi'n dal i gredu yn Nuw.

Gweinidog: O… ydach chi?

Idris: Ydw tad. Dim mod i'n licio fo chwaith.

Gweinidog: Sori?

Idris: Duw 'lly. Nid yr un neis, neis 'na da chi'n pregethu amdano fo… ffycar diflas 'di hwnnw.

Gweinidog: O…

Idris: Yr hen Dduw dwi'n gredu ynddo fo, y basdad blin hen destament. Hwnnw di'r Duw dwi'n gredu ynddo fo.

Gweinidog: Reit.

Idris: Jyst achos bod o'n hollalluog 'di hynny'm yn golygu mod i'n gorfod licio fo, nadi?

Saib lletchwith iawn.

Mae'r gweinidog yn gweld rhywun mae o'n ei adnabod ym mhen pella'r stafell.

Gweinidog: Siân?! Sgiwsiwch fi…

Mae'r gweinidog yn brysio i ffwrdd. Mae Idris yn troi at y gynulleidfa.

Idris: Duwcs. Fawr o awydd sgwrs ddiwinyddol ma' raid. *(Mae o'n yfed o'i hipflask.)* Tydwi i ddim yn alcoholic gyda llaw, ond mi rydw i'n llawer difyrrach pan dwi'n yfad. Dwi hefyd yn troi'n fasdad gwirion sy'n deud petha ddylwn i ddim, ond dyna ni. Be nei 'di de?!

Mae Lowri yn cerdded i mewn.

Lowri: Bob man dwi'n sbïo mae 'na bobol dwi'n gwbod y dyliwn i siarad efo nhw, ond sgin i'm math o fynadd gneud… felly dwi jyst yn cerddad o un lle i'r llall gan edrych yn brysur… ond yn y diwadd mae Anti Margaret, 'yn hen athrawes ysgol Sul, yn 'y nghornelu i…

Mae Margaret, hen wraig, yn cornelu Lowri.

Margaret: Wel Lowri 'mach i… dwyt ti'n edrych yn ddel mewn ffrog!?

Lowri: Diolch Anti Margaret.

Margaret: Chdi fydd nesa… ti'n siŵr nad oes gen ti ryw *young man* yn cuddiad yma'n rwla?!

Lowri: Nag oes cofiwch…

(wrth y gynulleidfa) God, sut mae hon dal yn fyw? Dwi'n siŵr odd hi'n gant oed ugian mlynadd yn ôl!

Margaret: Mae un o'r hogia ifanc ma'n siwr o gymryd ffansi ata ti yn y ffrog 'na…

Yli dyma Idris yn fama. Idris!

Lowri: O, na, wir…

Margaret: Ti'n cofio Idris yn 'rysgol 'dwyt? Mae o'n gyfieithydd yn Gaerdydd.

Lowri: O ym…

Margaret: Na i adael i chi bobol ifanc sgwrsio, a phwy â ŵyr, ella fydd 'na briodas arall yma ymhen blwyddyn!

Lowri: Dwi'm yn meddwl rhywsut Anti Margaret.

Mae Margaret yn gadael gan adael Idris a Lowri i'w sgwrs letchwith.

Lowri: Haia… *(wrth y gynulleidfa)* Mae o 'di gweld ffani fi.

Idris: Ti'n o lew…? *(wrth y gynulleidfa)* Dwi 'di gweld ffani hon.

(wrth Lowri) Dwi'n licio dy ffrog di…

Lowri:	O… ffrog morwyn briodas 'di hi. Odd raid i fi wisgo hi.
Idris:	O… wel mae hi'n neis iawn.
Lowri:	Diolch.
Idris:	*(wrth y gynulleidfa)* Dwi'n deud clwydda. Mae hi'n edrych yn uffernol.
Lowri:	Ti'n dal i gyfieithu?
Idris:	Ydw… "Yes"… gei di honna am ddim gen i!
Lowri:	Doniol.
Idris:	Handi ar ddiwrnod 'tha heddiw. *Mixed Marriage* a ballu.
Lowri:	Sut mae bywyd yng Nghaerdydd?
Idris:	Iawn sti… llwyth o bobol o ffor hyn yno… syndod bod 'na neb ar ôl yma, deud y gwir.
Lowri:	Mae rhai ohonan ni 'di penderfynu aros yma…
Idris:	Ia… sa hi'n anodd symud dy wartheg di gyd i lawr i Gaerdydd basa…

Saib.

Lowri:	Wel… neis gweld chdi.
Idris:	A chditha.
	(wrth y gynulleidfa) Odd gen i fwy o rapôr efo'r ffwcing gweinidog.
Lowri:	Barod Dad?

Mae Eurwyn yn dynesu at Lowri tra'n darllen ei araith.

Eurwyn: Ydw.

Lowri: Da chi isho fi sbïo dros yr araith?

Eurwyn: Nag oes, thanciw.

Saib. Mae Lowri'n amlwg eisiau dweud rhywbeth.

Eurwyn: Be?

Lowri: Da chi am neud o gyd yn Susnag?

Eurwyn: Fydd pawb yn 'i ddallt o wedyn.

Lowri: Gewch chi neud o'n ddwyieithog, dwi'n siŵr.

Eurwyn: Gwell peidio. Rhag ofn iddyn nhw feddwl bo' ni'n ddigwilydd.

Lowri: Sut mae siarad y'ch iaith y'ch hun ym mhriodas y'ch mab yn ddigwilydd?

Eurwyn: Paid â gneud lol rŵan.

Mae Lowri yn dechrau cerdded i ffwrdd ond mae Eurwyn yn ei galw hi'n ôl.

Eurwyn: Lowri… mae 'na ffens yn gwegian yn Cae Top. Sylwish i bora 'ma.

Lowri: Na i thrwsio hi fory.

Eurwyn: Swn i'n gofyn i Dafydd 'yn helpu i, ond fydd o 'di mynd erbyn fory…

Lowri: Pam sa chi'n gofyn i Dafydd?! Na i thrwsio hi, Dad.

Saib.

Eurwyn: Mae'r ffrog yn edrych yn neis iawn arna chdi.

Lowri: Da chi'n meddwl?

Eurwyn: Ydi… ti'n edrych yn *grown up* iawn…

Lowri: Dwi'n dri deg dau, Dad.

Mae Eurwyn yn gadael. Mae Lowri yn troi at y gynulleidfa.

Lowri: 'Di Dad byth cweit 'di dod dros y ffaith fod Dafydd wedi penderfynu peidio ffarmio. Dwi'n gneud 'y ngora, ond Daf mae Dad isho… Daf fyddai'n methu neud chwartar y stwff dwi'n neud bob dydd… ond 'i fab o mae o isho wrth i ochor o. Mae well gan Dad y ngweld i fel hyn… yn y ffwcing ffrog 'ma… yn bod yn hogan go iawn.

Y golau'n newid i awgrymu newid mewn amser. Sŵn platiau yn y cefndir.

Mae Idris yn eistedd i lawr ac yn gorffen bwyta powlen o dreiffl.

Idris: Sgiwshwch fi. Mae'r treiffl ma'n eitha blydi arbennig…

              Dwi ar fwrdd bach yn giami. Naill ai dwi 'di meddwi gormod neu mae pawb arall 'di meddwi ddim digon. Dwi'n edrych ymlaen at gael rhoi'r byd yn ei le efo Dafydd unwaith fydd o 'di gorffan efo'r areithia a ballu, ond am y tro, dwi'n sownd yn fama hefo'r sbarions…

              Ond mae'r treiffl ma'n ffocin wych.

Tom: Ladies and Gentlemen, Boneddigion a Boneddigesau…

Mae Idris yn troi ar y gynulleidfa.

Idris: Tom. Ffrind coleg a gwas priodas Daf. Ffycar diflas.

Tom: Rhowch groeso mawr i Eurwyn Tomos. Tad y priodfab. Father of the groom, Eurwyn Tomos!

Mae Tom yn taro ei wydr ar gyfer araith Eurwyn.

Mae Eurwyn yn sefyll ar ei draed. Mae golwg boenus a blinedig arno, ond mae o'n benderfynol o wneud ei orau.

Eurwyn: Ladies and Gentlemen… for the benefit of all our English friends… I'll make this speech in English… so I ask you to bear with me.

Samantha is a lovely girl… a lovely woman… and Dafydd is very lucky to of found in her his wife to be with forever.

We welcome also Samantha's parents' family who have travelled to be with us here all the way from Preston. Such a long way to come. We welcome you all, warmly.

Saib wrth i Eurwyn ymgynghori efo'i araith.

Ym… Samantha, welcome to the family. Dafydd, I'm very proud of you today… and your Mother would also be proud. May you be very happy together. To the bride and groom. And now Mari with a special… ym… be 'di penillion yn Susnag?

Well… and now Mari…

Mae Eurwyn yn eistedd i lawr

Mae Mari yn codi ar ei thraed.

Mari: Haia!

Idris: O ffoc na, dim hon eto.

Mari: Dafydd a Samantha. Diolch gymaint am adael i fi fod yn rhan o'ch diwrnod mawr chi. Dwi 'di sgwennu rwbath arbennig i chi… I'm sorry this poem is just in Welsh, but if anyone wants a copy in English I have some with me – It doesn't rhyme but you'll get the idea... o God, dwi'n nyrfys rŵan! ... ok... ok...

I Dafydd a Samantha,
'da chi'n siwtio'ch gilydd yn dda.
Y chi di'r ffrindiau gora'
yn y gaea' ac yn yr ha'.

Idris: O God!

Mari: Gewch chi fod yn gefn i'ch gilydd
ble bynnag ewch chi yn y byd
o holl drysorau'r ddaear
eich cariad chi yw'r peth mwyaf drud.

Idris: Sut bod hyn yn digwydd i fi?

Mari: Samantha a'i cheffylau
a Dafydd a'i gyfrifiaduron
da chi'n ddau mor wahanol
ond un galon sydd dan eich bron.

Idris: Mae'r Saeson 'ma mor lwcus nad ydyn nhw'n gorfod dallt y shit 'ma!

Mari: Pob lwc i chi drwy'ch bywyd
wrth i chi wneud eich ffordd drwy'r byd
achos Dafydd a Samantha
da chi yn werth y byd.

Clywir sŵn clapio.

Idris: Peidiwch â chlapio wir! Mae hi newydd odli 'byd' efo 'byd'!

Lowri: Dwi'n gweld Dad a Peter yn siarad efo'i gilydd mewn congol. Mae Dad yn edrych mor llywath, fel tasa fo'n westai yn ei gartra'i hun. Mae Peter yn mynnu galw Dad yn Aerwyn. Dim Aerwyn ydi ei enw fo. Sut fedra ni fyth fod yn gyfartal os ydyn nhw'n gwrthod dysgu sut i ddeud ein henwa ni'n iawn? O'dd Mam hyd yn oed 'di dechra galw Dad yn Aerwyn o'u blaenau nhw… fel tasa hi'n cywiro ei hun.

Idris: Dwi'n trio gwitshiad nes bod Dafydd ar i ben ei hun i mi gael sgwrs efo fo. Ond mae pawb isho'i sylw fo. Mae'r parti 'di cyrraedd y pwynt mae petha'n dechra mynd dwtsh yn flêr. Lleisiau'n codi. Y teis a'r tafodau'n dechra llacio. Merched yn denig i'r tai bach am tactical spew bach. Pobol yn anghofio peidio rhegi o flaen eu plant. Dwi'n joio'r eiliad yna… does wybod pa mor hyll aiff hi.

Dwi'n picio i'r tai bach… sy'n eitha crand chwara teg o 'styriad mai'n ganol cae 'da ni…

Dwi'n sefyll i biso wrth ymyl Gwil Cae Du. Cefndar mam Daf.

Mae'r ddau'n sefyll ochr yn ochr fel tasan nhw'n piso.

Gwil: You ok? Enjoying?

Idris: Ydw, chditha?

Gwil: Duw, Cymraeg ti?!

Idris: Ia tad.

Gwil: Ma' isho ffwcing mynadd fyd does?!

Idris: Efo be 'lly?

Gwil: Bob dim.

Idris: Oes. Ti'n cadw'n brysur?

Mae Gwil yn ysgwyd ei bidlan.

Gwil: Ysgwyd llaw efo Mrs Pî-pî de..

Idris: o… ia…

Gwil: Be 'di enw'r hogan 'na fyd?

Idris: Pwy?

Gwil: Wsti… yr un nobl mewn ffrog hyll…y breidsmêd?

Idris: Lowri?

Gwil: Ia… Twll 'di twll yn twllwch de?! Pwy 'di hi dŵad?

Idris: Chwaer Dafydd.

Gwil: Damia. Da ni'n blydi perthyn… dim hôps am jymp 'lly!

Idris: Mrs Pî-pî druan!

Gwil: Mrs Pî-pî druan…

Mae Gwil yn gadael.

Idris: O'n i'n arfar nabod Gwil, ond mae o 'di anghofio pwy ydw i. Dwi'n dal i feddwl am fama fel adra… ond 'di adra ddim yn y nghofio i…

Mae cerddoriaeth twmpath dawns yn chwarae.

Idris: O God. Ffocing twmpath dawns. O'r holl bethau trajic mae Cymry'n ei wneud yn enw traddodiad, y twmpath dawns ydi'r gwaetha… jyst esgus dio i bobol hyll gael grôpio'i gilydd yn enw diwylliant!

Galwr:	Dowch rŵan fyny a chi, da chi angen partnar i hon. Dawns y ddafad gorniog. Dance of the horny sheep… dowch peidiwch â bod yn swil… you people from Preston you'll love it…
Idris:	Mae'r Saeson bach yn gyndyn o fynd fyny… a mwya sydyn dwi'n penderfynu, ffyc it… ella bod o'n draddodiad cachu rwtsh ond o leia na'n traddodiad cachu rwtsh ni dio!
Galwr:	Reit, pwy sy heb bartnar? Lowri, ti efo Idris.

Idris a Lowri yn wynebu ei gilydd mewn ffordd ffurfiol.

Lowri:	Idris. (*wrth y gynulleidfa*) Ffoc.
Idris:	Lowri. (*wrth y gynulleidfa*) Ffoc.

Yn ystod y sgwrs isod mae Idris a Lowri yn dawnsio dawns twmpath.

Lowri:	(*wrth y gynulleidfa*) Odd o'n gorfod bod yn ffocing Idris doedd?
Idris:	(*wrth y gynulleidfa*) Pam Lowri o bawb?

Saib.

Idris:	Dwi wrth y modd efo twmpath dawns. Ma' hi fatha Glan-llyn yma…

Mae Idris yn sylweddoli beth mae o newydd ddweud.

Idris:	(*wrth y gynulleidfa*) Shit, dwi 'di deud Glan-llyn.
Lowri:	(*wrth y gynulleidfa*) O ffoc… Glan-llyn!
Idris:	Siawns nad ydi hi'n cofio…
Lowri:	Mae o'n blydi cofio dydi?!

Maen nhw'n stopio dawnsio. Y golau'n newid.

Idris: O'n i'n bedair ar ddeg...

Lowri: O'n i'n dair ar ddeg...

Idris: ... ac o'dd 'na dwmpath dawns. Odd y plant cŵl i gyd yn snogio rownd y wal ddringo... ond o'n i ddim yn un ohonyn nhw... felly es i am dro lawr at y llyn.

Lowri: O'n i 'di mynd am dro lawr at y llyn... ac roedd Idris yno.

Idris: "Haia."

Lowri: "Haia."

Idris: Roedd Lowri'n edrych yn wahanol i'r arfar.

Lowri: O'n i bach yn high ar gymysgfa o *Haribos* a *Red Bull*...

Idris: "Mae 'na bobol yn snogio wrth ymyl y wal ddringo..."

Lowri: "O. Cŵl." O my God... yda ni ar fin snogio?! Dwi rioed 'di snogio neb yn y mywyd!

Idris: Dwi 'di deud wrth bawb mod i wedi snogio wyth o genod ond "maen nhw gyd yn byw yn Sowth Wêls a sa chi'm yn nabod nhw."

Lowri: Dio'm yn deud dim byd.

Idris: Ma'n anodd iawn jyst snogio rhywun allan o nunlla... a fedrai'm meddwl am ddim byd clyfar na ffyni na secsi i ddeud...

Lowri: Ac wedyn mae o'n deud...

Idris: "Ti'n meddwl bod gan Mr Urdd goc?!"

Lowri:	"Dwi'm yn gwbod."
Idris:	"Ti 'di hen arfer gweld cocia ma' siŵr… gan bo chdi'n byw ar ffarm de… cocia buwchs a ballu".
Lowri:	"Wel… gwartheg godro sganddon ni… a sganddyn nhw'm cocia…"
Idris:	"Na…"
Saib.	
Lowri:	Dwi'm yn gwbod pam ddudish i be ddudish i nesa… "Gai weld coc chdi?"
Idris:	"Ym…"
Lowri:	"Nai'm deud wrth neb…"
Idris:	Ar y pwynt yma yn y mywyd o'n i dal yn gwisgo shorts nofio yn y gawod ar ôl gwersi sborts, a hynny am reswm da.
Lowri:	O'n i'n gwbod mod i'n chwara fo tân ond o'n i hefyd yn gwbod mai dyma o'n i isho.
Idris:	Wedyn dwi'n cael syniad. "Dangos ffani chdi gynta".
Lowri:	…a cyn bo' fi'n gwbod be' dwi'n neud, dwi'n agor belt 'yn jîns i…
Idris:	Taswn i'n meddwl y basa hi'n gneud, swn i byth 'di gofyn…
Lowri:	Be sy'n dychryn fi ydi mod i heb hyd yn oed meddwl gwrthod…
Idris:	Mi agorodd ei belt… Un llaw yn gafael yn ei jympyr. A'r llall yn tynnu lawr ar ei dillad isa…

Lowri:	O'n i'n clywad y nghalon i'n curo'n y nghlustia… "Chdi rŵan".
Idris:	O'n i'n gwbod bod hyn yn rong… hen dric gwael…
Lowri:	… o'n i'n teimlo'n afiach mwya sydyn… felly mi dynish i nillad i fyny.
	"Chdi rŵan" medda fi eto… ac mi gerddodd o i ffwrdd… a ngadael i yno ar lan y llyn yn y t'wllwch…
Idris:	Dwi rioed 'di sôn wrth neb…
Lowri:	Sa Mam 'di ngalw i'n hogan fudur… a dwi dal i deimlo cwilydd.
Idris:	Dwi dal i deimlo cwilydd…

Nôl i'r presenol.

Lowri:	(*i Idris*) Ydi… union tha Glan-llyn…

Golau'n newid.

Idris:	'Blaw mod i lot hyllach rŵan…
Lowri:	Wel do'n i'm isho deud dim byd… *(wrth y gynulleidfa)* mi odd o'n hogyn del unwaith… tydan ni gyd yn ddel rhywbryd ond erbyn i ni sylweddoli hynny mae hi wastad rhy hwyr…
	(wrth Idris) Be ddigwyddodd?
Idris:	Rownd bapur galed.
Lowri:	'Di cyfieithu ddim yn swnio tha rownd bapur rhy galad i mi…
Idris:	Ti rioed 'di cyfieithu pum can tudalen o delerau ac amodau i HSBC?

Saib.

Lowri: O'n i'm yn meddwl y basa ti yma.

Idris: Priodas yn ffrind gora i? Siŵr Dduw mod i yma.

Lowri: Ffrind gora?! Da chi'm 'di gneud fawr ddim efo'ch gilydd ers blynyddoedd.

Idris: Dim bai fi 'di hynny naci?!

Saib.

Idris: Sut mae'n mynd ar y fferm?

Lowri: Mae'n mynd yn iawn.

Idris: Da iawn. Falch o glywed.

Lowri: Diolch am holi.

Idris: Croeso. Wel sbïwch arnon ni'n bod mor sifil mwya sydyn? Mae hi fatha Pride and ffocin Prejudice yma!

Mae'r gerddoriaeth yn stopio. Mae'r ddau'n moesymgrymu'n orddramatig.

Idris: Diolch Miss Bennet.

Lowri: Pleser Mr Darcy.

Mae Idris yn cymryd dracht dwfn o 'i fflasg.

Idris: Dwi 'di dechra chwysu drwy'n siwt erbyn hyn felly dwi'n gwrthod dawns arall… odd be ddudodd Lowri yn wir… tydw i a Daf ddim 'di neud llawer efo'n gilydd yn ddiweddar… y ddau 'na ni 'di bod yn brysur rhwng bob dim… ac wedyn dwi'n ffeindio fo… ar ei ffordd o'r tŷ bach. Da ni'n sgwrsio… am ryw ddeg eiliad. Mae o'n deud bod o'n falch o ngweld i. Dwi'n deud mod i'n mwynhau fy hun, am bod y bwyd a'r gwin am ddim. Mae o'n chwerthin. Dwi'n licio'i weld o'n chwerthin. Ond wedyn mae ryw foi o'r Clwb Hwylio'n dod efo wisgi yr un i Dafydd a fynta, ac mae Dafydd yn mynd efo fo. Mae o'n gweiddi dros ei ysgwydd wrth iddo fynd "Welai di wedyn, Idris". Y math o "welai di wedyn" sy'n golygu "Na i ddim dy weld di wedyn". "Iawn" medda fi. A dyna fo. Deg eiliad tu allan i'r tai bach. Dafydd, fy ffrind gora' yn y byd… a dwi'n berwi tu mewn…

Lowri: Dwi'n cael y teimlad od 'ma fod pobol yn siarad amdana i… fel tasa nhw'n gwbod wbath na dwi ddim. Mae Idris yn baglu tuag ata i efo ryw olwg ryfadd yn ei lygaid o, fel ci sy 'di bod yn lladd defaid…

Idris: Helo eto Miss Bennet. A alla i eich temtio i ddod gyda mi i'r photo booth am dro?

Lowri: Iawn… gan bo chdi'n gofyn mor neis…

Mae'r ddau'n mynd i'r photo booth ac yn cael tynnu cyfres o luniau gyda phropiau gwirion wrth iddynt sgwrsio.

Idris: O'dd cerdd Mari'n shit doedd?!

Mae Lowri'n chwerthin.

Lowri: Bechod! Mae hi 'di gweithio'n galed ar y penillion 'na.

Idris: Byr braidd o'dd araith dy Dad.

Lowri: O'n i 'di gobeithio y basa fo 'di gneud hi'n Gymraeg… ond 'na fo… bob dim yn gorfod digwydd ar 'u telera nhw dydi?

Mae Idris yn esgus clincio gwydrau.

Idris: To our English overlords!

Mae o'n cynnig dracht o'i hipflask i Lowri

Tisho peth?

Lowri: Na.

Saib.

Idris: Susnag maen nhw'n siarad efo'i gilydd de? Dafydd a Samantha?

Lowri: Ia. Pan maen nhw ar ben 'u hunan, dwi'n meddwl.

Idris: Felly Susnag fyddan nhw'n siarad efo'u plant, ma' siŵr?

Lowri: Berig.

Saib. Yna mae Idris yn dechrau chwerthin iddo fo'i hun.

Idris: Tisho clywad wbath ffyni?

Mae Lowri'n ymuno yn y chwerthin.

Lowri: Be?

Idris: Nei di joio hon!

Lowri: Be?! Deud!

Saib.

Idris: Nesh i ffwcio Samantha!

Mae Idris yn rowlio chwerthin. Mae Lowri'n chwerthin yn nerfus.

Lowri: Be?

Idris: Cyn Dafydd. Parti Chweched. Toilets Tŷ Newydd Sarn.

Lowri: Paid â malu…

Idris: Dwi'n deud ffwcio... dwi'm yn siŵr os dio'n cyfri fel ffwcio os ti'm yn tynnu dy drwsus, ond nesh i ffingro hi'n reit drwyadl.

Saib.

Lowri: (*o ddifri*) Go iawn?

Idris: Do. Dwi rioed di cyfadda hynna wrth neb, a dyma fi'n deud wrtha chdi heno yn ei phriodas hi... basdad dwi de?!

Saib.

Lowri: Pam bo chdi'n deud hyn?

Idris: Achos bod o'n ffyni!

Lowri: Ydi Dafydd yn gwbod?

Idris: Nadi siŵr.

Saib.

Idris: Ond ella dylai o gael gwbod heno. Mae priodasau yn medru bod mor boring tydyn?

Lowri: Yli... plîs paid â difetha diwrnod Daf.

Idris: Paid esgus bod otsh gin ti am y ffars 'ma! Mae dy frawd di newydd briodi mewn i deulu o Saeson ac maen nhw am fagu teulu bach o Saeson ac maen nhw'n mynd i gachu ar ben bob dim sy'n annwyl i chdi.

Lowri: Ia, ond mae o dal yn frawd i mi...

Idris: Ti meddwl bod otsh ganddyn nhw amdanach chdi? Mae Dafydd 'di gadael i chdi bydru ar y ffarm 'ma. Gadael yr holl gyfrifoldeb 'na ar dy sgwydda di.

Lowri: Yli, ty'd allan am awyr iach…

Idris: Dwi'n meddwl bo' ti'n mynnu dal gafael ar y ffarm, nid am dy fod ti isho'r tir. Ti'n casáu ffarmio go iawn. Ti jyst ddim isho'r lle ddisgyn i ddwylo'r Saeson. Ti'n fodlon difetha dy fywyd dy hun, jyst i rwystro rhywun arall rhag mwynhau ei hunain.

Saib.

Lowri: Ffyc off.

Idris: Dwi'n iawn tydw? Styfnigrwydd 'di hyn de, nid cariad?

Lowri: Ffyc. Off. Dos i ddeud bob dim wrth Dafydd ta. Gweld faint o les neith hynny i chdi.

Mae Lowri yn cerdded i ffwrdd yn flin. Mae Idris yn troi at y gynulleidfa.

Idris: Dwi'n casáu bod yn iawn bob munud.

Saib.

Ma' Lowri'n iawn hefyd. Tydi Dafydd a finna ddim yn ffrindia gora. Ddim ers blynyddoedd. Da ni'n cyfarfod am beint weithia pan fydda i adra… ond byth sesiwn. Mi fedra i ddeud mai o ddyletswydd mae o yn y ngweld i bellach, fel tasa fo'n galw i weld ryw hen anti mewn cartra a honno'n drewi o biso.

Saib.

Doedd… doedd petha ddim i fod felma… rhwng Daf a fi…

Pan oni'n dair ar ddeg, mi oeddan ni'n dau ar y

ffarm yn malu cachu… ac mi ddisgynish i fewn
i hen lyn corslyd… i ganol y mwd… o'n i at 'y
nghanol mewn dim… a chyn hir ro'n i at 'y mrest…
ac wedyn o'n i at 'y ngên… ac o'n i'n gwbod fel
ffaith- dwi 'di ffwcio hyn fyny… mod i am farw…
a'r peth ola swn i'n 'i weld cyn i'r mwd orchuddio'n
llygaid i fyddai gwyneb Dafydd yn gwylio'i ffrind
gora yn marw. Ond ddaru o ddim gadael i hynny
ddigwydd. Ddangosodd o ddim tamad o ofn.
Rhywsut mi lwyddodd o i gael gafael ar y mraich
i… i goes o 'di lapio mewn gwreiddyn coedan…
o'n i'n crio ac yn panicio a 'di piso'n hun yn
barod… ond mi wenodd o arna i a deud, gwranda…
yr unig ffordd wyt ti'n mynd ydi os ti'n tynnu fi
lawr efo chdi… ac os dwi'n mynd ma'r ffwcing
goedan ma'n dod efo ni… ac mi chwerthish i… ac
o dipyn i beth… a fynta'n dal i sbio i fyw'n llygaid
i… mi lusgodd fi allan. Mi achubodd o fi. "Sa ti
'di neud yr un peth drosta i" medda fo… a finna'n
gwbod yn iawn sa gen i fyth mo'r gyts… O'n i 'di
gobeithio deud y stori yna mewn araith gwas priodas
ryw ddydd… Be nei di de?

Saib.

Ond mae gen i stori arall i'w deud… un nad ydi
Dafydd yn gwbod amdani… am fi a Samantha a
thoilets Tŷ Newydd Sarn… ac mae'r stori yna'n
glincar…

Lowri: Dwi'n mynd i'r tai bach i drio cael pum munud…
da ni 'di cael rhai o rhai ffansi 'na sy'n dod ar gefn
lori… fatha toilets gefn llwyfan Steddfod…

Dwi'n trio anghofio be dwi newydd glwad gan Idris... am y fo a Samantha... ella dydi o'm yn wir... a hyd yn oed os ydi o... dio'm ots rŵan... siawns?

Mae Lona yn cerdded allan o un o'r ciwbiclau.

Lona: Hei Ffi! Tyd yma i ni gael selffi?!

Lowri: Ffiona a Lona... ffrindia ysgol Daf. Dwi'n penderfynu aros yn y toilet... rhag ofn i mi gael fy recriwtio i'r llun...

Lona: Bryshia! Dwisho llun da ohono fi cyn i fi futa'r hog roast 'na a mynd yn dew i gyd!

Ffiona: Ok. God... gad fi dynnu blwmar fi fyny!

Lona: Wel tyd!

Lona: O my God ma' eyebrows fi'n edrach yn amazing heddiw de... os dwi ddim yn pwlio heno fydd 'na ffocing le 'ma...

Ffiona: Tu'laen ta, neu fydd pawb da 'di mynd.

Maen nhw'n cymryd cwpwl o luniau.

Lona: Cheese!

Ffiona: Gai weld nhw?

Lona: Hang on.

Mae Lona yn edrych drwy'r lluniau.

Lona: Double chin...double chin... dwi'n edrach 'tha ffrîc!... O, hwnna'n neis..

Ffiona: Neis o chdi... dwi'n edrach tha plât o bwdin reis!

Lona: Ti'n edrach yn tsiampion... insta... hashtag bathroomselfie...

Ffiona: Sa ti byth yn meddwl bod ni mewn cae nasat...

Lona: Na... er, dwi'n meddwl bo fi'n clwad bach o ogla buwch...

Ffiona: O, sori... ella fi odd hynna.

Lona: Ti'n afiach!

Ffiona: Y *pâté* 'na odd o... o'n i'n gwbod dylswn i 'di mynd am y soup...

Lona: Ti 'di gweld Idris o'dd yn ysgol fo ni?

Ffiona: Na.

Lona: Do! Siwt lwyd shabi... angan shave... Billy no mates...

Ffiona: O my God, dyna pwy 'di hwnna?

Lona: Ia!

Ffiona: O... bechod... golwg y ffwc arno fo!

Lona: Mae o bach o alc dyddia yma yn ôl Samantha.

Ffiona: Ti meddwl bo nhw'n dau'n siwtio'i gilydd?

Lona: Pwy?

Ffiona: Daf a Samantha?

Lona: Ffocinel Ffiona, gobeithio wir 'da ni newydd ista drwy'u prodas nhw!

Ffiona: Na, ond ti'n gwbod. Fo'n fab ffarm, hi'n Susnas a ballu?

Lona: Paid â bod yn racist Ffi...

Ffiona: Dwi ddim… jyst holi dwi.

Lona: 'Di Daf ddim rili fatha mab ffarm chwaith nadi. Dio'm yn josgin nadi. Dim fatha'i chwaer.

Ffiona: Ia… mae hi'n josgin go iawn dydi.

Lona: Ond dim am lot hirach…

Ffiona: Be ti'n feddwl?

Lona: Odd Samantha'n deud bod ei thad hi am brynu'r ffarm gin dad Dafydd… maen nhw am agor stables 'ma. Dysgu pobol reidio…

Ffiona: Reidio be… ceffyla?

Lona: Nagi, ffocing gwartheg… wrth gwrs ceffyla! Ond paid â deud wrth neb… 'di neb fod i wbod eto…

Ffiona: …be neith Lowri wedyn ta?

Lona: M'bo.

Ffiona: Bechod…

Lona: Bechod o ddiawl! Sa ti isho goro codi am bump bob bora i ffidlan efo tits gwartheg? Cym on… dwisho bachu wbath efo pres.

Mae Ffiona a Lona yn gadael.

Lowri: Fedar o'm bod yn wir… fedar o ddim… ond dwi ofn gadael y toiledau… rhag ofn bod y lle 'di cael ei droi yn stabla'n barod… y gwartheg 'di mynd… ceffyla'n prancio hyd y caea…plant bach fisitors mewn gilets yn cerddad drwy'r iard fel tasa nhw bia'r lle.

Dwi'n rhedag allan ac yn mynd i chwilio am Dad…

Mae Lowri yn ymuno gydag Eurwyn.

Lowri: Dad.

Tydi Eurwyn ddim yn gwrando. Mae o'n brysur yn siarad efo
rhywun arall.

Eurwyn: Oedd, bwyd da iawn chwara teg.

Lowri: Dad.

Eurwyn: Digon o gig a thatws doedd?

Lowri: Dad!

Eurwyn: Be?

Lowri: Da chi 'di cytuno i werthu'r ffarm i Peter?

Eurwyn: Gawn ni drafod hyn rhywbryd eto?

Lowri: Da chi'm o ddifri!? Ar ôl i'r ffarm fod yn ein teulu
ni am ganrif a hanner?

Saib.

Eurwyn: Ella mai dyna fyddai ora'n diwedd.

Lowri: Dwi'm yn coelio hyn…

Eurwyn: O leia sa'i gwerthu hi i dad Samantha yn cadw'r
fferm yn y teulu.

Lowri: Dwi'n deulu!

Eurwyn: Ia ond ti…

Lowri: Dwi'n be? Hogan?

Eurwyn: Naci…

Lowri: Dyma 'di hyn de, da chi'm yn meddwl y medar
hogan redag ffarm yn iawn…

Eurwyn: Does na'm dyfodol mewn ffarmio fel da ni'n neud Lowri! Dwi 'di hannar lladd 'yn hun drwy f'oes a… dwi'm isho gweld chdi yn gorfod gneud 'run fath…

Lowri: Ond dwisho gneud hyn Dad…

Saib.

Iawn. Gwerthwch o ta. Ond gewch chi godi'r ffens ych hun bora fory ta. Neu ella neith Peter eich helpu chi, gan mai fo fydd pia'r lle cyn hir.

Eurwyn: Sa dy fam ddim isho gweld chdi'n diodda fel hyn. Dwi'n gwbod bo chdi'n unig…

Lowri: Tasa Dafydd 'di bod isho'r ffarm, sa chi fyth yn meddwl gwerthu.

Mae Eurwyn yn cerdded i ffwrdd gan adael i Lowri frwydro yn erbyn ei dagrau.

Lowri: Dwi'n cael traffarth anadlu… dwi angan rhedag i ffwrdd ond fedrai ddim… achos dwi ym mhriodas y mrawd…

Dwi'n gweld un o griw'r Clwb Hwylio… mae o'n dal ac yn dena ac ac yn gwisgo loafers heb sanau. Dwi'n siŵr odd o'n un o'r rhai odd yn snortio coke yn y capal gynna.

Dwi'n casáu bob dim am y boi 'ma… a bob dim mae o'n gynrychioli… ond dwi'n mynd ato fo ac yn gofyn…

Mae hi'n mynd i fyny at y dyn.

Lowri: "Can I have some cocaine please!" Mae o'n chwerthin… fel taswn i'n hogan bach newydd ofyn 'tho fo am bres i brynu da-da.

Dyn Clwb Hwylio: Ok then… sure…

Lowri: Dwi'n ei ddilyn o i'r tai bach ac i mewn i'r ciwbicl. Mae hi'n uffernol o gyfyng. Mae o'n cloi'r drws…

Lowri: Ffoc, mae hyn yn beth uffernol o wirion i neud… sgin i'm syniad pwy di'r boi 'ma… mae o'n gosod y powdwr mewn dwy lein fach dwt… fatha pan dwi a Dad yn rhoi ffîd i'r gwartheg.

Dyn Clwb Hwylio: Ladies first…

Mae Lowri yn snortio'r powdwr.

Lowri: Dwi'm yn siŵr os dwi 'di neud o'n iawn… achos dwi'n ama bod hannar y stwff 'di disgyn lawr i mra i. Ond dwi 'di neud o… dwi'n dri deg dau a 'di cymryd cocên… ella sgen i'm cariad, na fferm, nag arian, na dyfodol… ond o leia dwi 'di ffocing cymryd cocên!

Dyn Clwb Hwylio: Yeah baby!

Lowri: Dwi'n llusgo'r Sais allan at y dansfflôr… ac o mai God… dwi'n gallu dawnsho… dwi'n ffocing wych… rhowch ddigon o gocên yndda i a sŵn i'n i chwalu nhw ar Strictly…

Fedrai weld Dad yn sbio'n wirion arnai… dwi'n gwbod mod i'n codi cwilydd arno fo… felly dwi'n dringo i ben bwrdd!

Mae hi'n dringo i ben y bwrdd.

Lowri: To Dafydd and Samantha and the horses!! Woooooo!!

Ac wedyn dwi'n gneud wbath ffocing jiniys!!

*Mae Lowri'n dechrau canu/llefaru tra'n slapio ei phen ôl ei hun,
fel tasa hi'n geffyl.*

Lowri: Jî ceffyl bach yn cario ni'n dau
Dros y mynydd i hel y cnau
Dŵr yn yr afon a'r cerrig yn slic
Cwympo ni'n dau wel dyna chi dric!
Jî ceffyl bach myddyffycys!!!

Mae hi'n neidio i lawr.

Lowri: Dwi'n neidio lawr ac yn gafael yn nhei y Sais Cocên
ac yn snogio fo'n racs achos, pam lai?! Ond pan
dwi'n tynnu nhafod allan o'i wynab o… dim y Sais
sy 'na… ryw ffarmwr yn i ffortis sy 'na… yn gwenu
arna'i efo'i ddanad melyn cam…

Gwil: Duwcs, reit dda!

Lowri: Pwy ffwc 'di hwn? A dwi'n troi ac yn gweld y Sais
yn chwerthin arnai… mae o yno efo'i ffrindia Clwb
Hwylio… mae Dad tu ôl iddyn nhw yn ysgwyd ei
ben… maen nhw'n chwerthin ar y mhen i… yma…
ar y nhir i… achos dim 'yn nhir i ydi o… maen
nhw'n chwerthin a chwerthin a chwerthin ac yn
cymryd bob diawl o bob dim oddi arna i… achos bo
nhw'n medru…

Mae'r golau'n newid.

Lowri: Dwi'n ffeindio'n hun yn yr hen stabla. Fana mae
Peter a Gloria 'di cadw'r ceffyla oedd yn tynnu'r
cert pnawn ma. Dwi'n i clwad nhw'n snwffian yn y
tywyllwch – ond dydyn nhw'm yn styrbio. Sganddyn
nhw'm rheswm i fod ofn pobol. Mae pobol wastad

'di bod yn neis iddyn nhw. Dwi'n dod yn nes... ac yn estyn allan a rhoi 'o bach' i drwyn un ohonyn nhw...

Maen nhw fel y gwartheg dwi'n eu godro bob bora... ac eto ddim fel y gwartheg o gwbwl. Mae'r ceffyla yma wedi'w bridio er pleser, nid gwaith... ac mae nhw'n neis... ac yn ogla o fala a cheirch a chwys melys braf... ogla gofal a chariad... nhw fydd yn cymryd ein lle ni...

Mae 'na focs tŵls gin y nhad yn y gongol... sa'r gyllell Stanley 'ma yn torri drwy gnawd fel rhoi llwy drwy dreiffl... sa fo mor hawdd... un funud 'swn i'n mwytho'u mwng a'u clustia nhw, ac mewn un fflach sa'r gyllell yn torri drwy'u clustiau... drwy'u gweflau... drwy amrannau a chynffonau... llithro rhwng cariad a chasineb... mor hawdd â llithro o'r Gymraeg i'r Susnag... fydda 'na ddim troi nôl wedyn. 'Di heddwch bregus yn methu goroesi petha fel hyn...

Idris: Wn i ddim pam nes i 'dilyn hi. Dim fy lle i odd gneud hynny, ond mi nes i... mi glywish i'r ceffylau'n gweryru o'r hen stabla... a fana odd hi...

Lowri: Dwi'n rhedag allan o'r stabal...

Idris: Mi redish i ar ei hôl hi...

Lowri: Odd blydi Idris yn y nilyn i ac yn gweiddi arna i i stopio ond fedrwn i ddim...

Idris: Odd hi'n nelu drwy'r caeau am y llwybr lawr i'r traeth...

Lowri: Odd rhaid i mi gyrraedd y môr...

Idris:	Ffoc, mae hi'n gallu rhedag hyd yn oed mewn ffrog. Mae rhaid i mi ddechra mynd i'r jim.
Lowri:	Ma'r môr yn madda bob dim…
Idris:	Mae hi'n disgyn ar ei gliniau yn y tywod ac anadlu'n ddwfn…
Lowri:	Wedyn dwi'n chwydu…
Idris:	O ffoc, mae hi'n chwydu…
Lowri:	Dwi'n rili chwydu…
Idris:	Mae hi'n chwydu'r canapés a'r bîff a'r grefi…
Lowri:	… a'r ffocing treiffl…
Idris:	… a'r gwin a'r siots a'r *Jägerbombs*…
Saib.	
Idris:	'Na chdi… well wan dwyt?
Lowri:	Sut ddiawl ti'n dal yn sobor?
Idris:	…yfishi fwy na hyn neithiwr os dwi'n onast…
Lowri:	…ond oeddach chdi'n gyrru fyny bora 'ma…
Idris:	Gwbod… llanast de?
Saib.	
Idris:	Yli… dwi'n gwbod bod hyn ugain mlynadd rhy hwyr ond… sori am Glan-llyn.
Lowri:	Mae'n iawn. Sori bo fi 'di fflashio chdi.
Idris:	Sori bo fi heb… dim bo chdi 'di colli llawer… gei di weld hi rŵan os lici di?
Lowri:	Dwi'n ok diolch.

Idris: Hen oedran anodd dydi... hormons a ballu... bod yn horni'n neud chdi'n wirion... ella nawn ni dyfu allan ohono fo ryw ddydd.

Saib.

Lowri: Dwi heb gael secs ers pan o'n i'n Coleg...

Idris: O.

Lowri: Dyna mae bod adra'n ffarmio 'di gostio i fi. Lot o betha erill hefyd wrth gwrs, ond y secs yn benna.

Idris: Wel os ydio'n unrhyw gysur, dwi heb gael secs ers Theresa May.

Lowri: Ges di secs efo Theresa May?

Idris: Na... ers pan oedd Theresa May'n Brif Weinidog. Er mae petha mor fain arnai erbyn hyn dwi'm yn gaddo y baswn i'n deud na wrth Theresa May.

Lowri: Ella dyna ydi'r busnas priodi 'ma'n diwadd... arbad i ti neud ffŵl o dy hun... a 'di neb isho marw ar eu pen eu hun.

Idris: Wel... os ti ffansi ffarmwr yn ei bedwardega efo agwedd giami at ferched, fedrai ffeindio un i chdi'n reit hawdd...

Lowri: O God, dwi 'di snogio fo'n barod dwi'n meddwl...

Idris: Seidbyrns... gwynab coch?

Lowri: Ia.

Idris: Mae o'n perthyn i chdi...

Lowri: Na!

Idris: Cefndar dy fam.

Lowri: O God.

Idris: Paid â phoeni… da ni ym Mhen Llŷn… be 'di bach o losgach rhwng cefndryd?

Lowri: Nesh i addo'n hun na faswn i'n gneud sîn heno…

Saib.

Lowri: Maen nhw'n well na ni tydyn.

Idris: Pwy?

Lowri: Y Saeson sy 'di symyd yma. Maen nhw'n dallt sut mae mwynhau'r lle 'ma dydyn… jyst ymdrybaeddu mewn hiraeth 'da ni.

Idris: Paid â gwrando ar be ddudish i gynna…

Lowri: Mae'n wir dydi! Dwi 'di aros yma er mwyn trio achub rwbath sy 'di marw'n barod. Sut ti'n achub iaith os ti'm yn siarad efo neb o un wsnos i'r llall heblaw dy dad a'r gwartheg? Mae'n ffrindia i gyd 'di symud i ffwrdd neu 'di cael babis… neu 'di symyd i ffwrdd a chael babis… mae o'n… mae o'n galad…

Saib.

Idris: Tisho clywad jôc?

Lowri: Dim felly.

Idris: Mae'n un dda…

Lowri: Go on ta.

Idris: Be ti'n galw bardd ifanc Cymraeg llawn angst?

Lowri: Dwi'm yn gwbod. Be ti'n galw bardd ifanc Cymraeg llawn angst?

Idris: Teenage Parry Williams.

Saib.

Lowri: Mae honna'n dda chwara teg.

Idris: *(Canu i diwn Teenage Dirtbag gan Wheatus)*
            "I'm just a Teenage Parry Williams
            Listening to R. Williams Parry"

Idris a Lowri: "I'm just a Teenage Parry Williams like you...
            wwwwwww!"

Saib.

Idris: Ti'n gweld, sa Saeson byth yn gwerthfawrogi'r jôc
            yna na fasan?

Lowri: Dwi'm yn siŵr os ydi hynny cweit digon i neud o
            werth o... ond mae o'n ddechra...

Idris: Tyd... neu fyddan nhw'n meddwl lle wyt ti...

*Golau'n newid i ddynodi newid gofod ac amser. Cerddoriaeth
disgo cawslyd.*

Lowri: ...doeddan nhw ddim. Odd neb 'di sylweddoli
            mod i hyd yn oed 'di mynd. Ond ella bod hynny er
            gwell... odd pawb i'w weld yn joio.

Idris: Ac mae Daf a Samantha yn edrych mor... hapus. Fel
            tasan nhw wir yn caru'i gilydd. Ffernols smyg.

Lowri: Dwi tu allan i'r tai bach... yr un lle gymrish i cocên.
            Mae Gloria, mam Samantha yno.

Gloria: Haia Love! Hasn't it been a lovely day?!

Lowri: *(wrth y gynulleidfa)* Na mae o 'di bod yn uffernol ac
            o'n i bron iawn â miwtiletio'ch ceffyla chi...

Lowri: Yes. Really lovely...

Gloria:	It's been so nice to see you letting your hair down and enjoying yourself.
Lowri:	*(wrth y gynulleidfa)* Downshio ar ben bwrdd ar gocên…
Gloria:	And thank you so much for everything, because I know how hard you work on the farm…
Lowri:	Oh it's ok.
Gloria:	I know you feel underappreciated but you really do make all the difference…
Lowri:	*(wrth y gynulleidfa)* Shit… o le doth hynna?
Gloria:	And you've been so kind to Samantha… and with all of us… even though we're English…
Lowri:	*(wrth y gynulleidfa)* Ffoc… ydi'r ddynas ma'n gallu darllan meddylia?!
Gloria:	I know. I know, we're not supposed to mention the elephant in the room, but I've been on the *Baileys* all night and… I know it's hard for all of you… It's hard for us…but we're all here to help each other.
	And I want you to help me with my Cymraeg… will you do that Lowri? Because one day… quite soon… maybe we'll be a Nain and Taid… and that'll be nice, won't it?
Lowri:	Yes.
Gloria:	Can I give you a hug?
Lowri:	Tydan ni'm yn hygio yn teulu ni… dim hyd yn oed pan oedd Mam yn… ond dwi'n gadael i Gloria neud…

Maen nhw'n cofleidio.

Lowri: A mae o'n neis… mae hi'n ogla tha sent a shampŵ a *Baileys*…

Mae Gloria yn cyffwrdd wyneb Lowri.

Gloria: That face…

Mae Gloria'n gadael.

Lowri: Sa'n dda gen i swn i 'di gallu cael y foment yna efo rhywun arall… efo Dad neu Daf… teimlo bod rhywun 'di ngweld i go iawn… ond Gloria wnaeth y ngweld i… ddowt gin i os mai 'Nain a Taid' fydd hi a Peter… ond os medar Daf a Samantha gredu bod nhw am garu'i gilydd am byth, ella y medra i gredu y gwnawn nhw siarad Cymraeg efo'u plant.

Dwi'n gweld Anti Margaret yn dawnsio…

Gwelwn Anti Margaret yn gneud y Macarena.

Os da chi heb weld ych athrawes ysgol Sul wyth deg pump oed yn dawnsio'r *Macarena*… da chi'm 'di byw. Dwi'n gweld Peter a Dad yn siarad mewn congol.

Lowri: "Alright Peter?" Mae o'n cael sioc. Fel tasa'r gacan briodas di codi ar ei thraed i'w gyfarch o.

Peter: Y… yes thank you… how are you?

Lowri: Dad?

(wrth y gynulleidfa) Ma'n sbïo ar ei draed…

(wrth Peter) You've been discussing buying the farm?

Peter: Well… yes… Aerwyn and I…

Lowri: Who?

Peter: Aerwyn and I…

Lowri: Who's Aerwyn? His name's Eurwyn. We're all one family now. We should probably learn to say each other's names right… The three of us can discuss the sale tomorrow.

Dwi'm yn sbïo ar Dad.

Saib.

Idris: Dwi'n sbïo o bell ar Dafydd. Mae o'n chwerthin ac mae ganddo fo'i fraich am ganol Samantha… a dwisho mynd i fyny ato fo a gofyn, Daf… be ffwc? Pam… pam ti'm yn ffrindia efo fi i'm mwy? Sori, dwim isho difetha dwrnod mawr chdi a Sam. Gawn ni… gawn ni jyst droi cloc yn ôl… a bod fel oeddan ni pan oeddan ni'n un deg saith… sbïa… sbïa stâd sy arnai, Daf… sgin i'm ffrindia Daf… dwi… dwi'm yn hapus… dwi'm 'di bod yn hapus ers amsar hir… plîs… achuba fi Daf…

O ben arall yr ystafell mae hen ddyn yn dechrau canu'r emyn 'Hen rebel'.

Hen Ddyn: Bûm gynt ar goll heb waredwr
doedd neb yn aflanach na fi
a phetrusais os gallai iachawdwr
fyth achub hen rebel fel fi.

Idris: Di'm yn briodas Gymreig nes i ryw nob ddechra canu emyna…

Hen Ddyn: Mi grwydrais ymlaen mewn tywyllwch,
ni chododd yr haul arna i
a llanwyd fy mynwes gan dristwch
doedd dim gobaith i hen rebel fel fi.

Mae Idris yn dechrau mynd yn ddagreuol er gwaetha'i hun.

Idris: Y ffocing tonau 'ma… mae nhw wedi hardweirio yn
syth i'n calonna ni…

Mae Idris yn cyd ganu'r bennill olaf.

Hen Ddyn ac Idris:

Gwrandewais ar Iesu anwylaf,
siaradai mor fwyn wrtha i
rhois floedd, "fi yw'r pechadur pennaf
felly achub hen rebel fel fi".

Mae Lowri yn ymuno gydag Idris. Mae hi'n rhoi peint o ddŵr iddo.

Idris: Diolch.

Saib.

Lowri: Ti'n depressed?

Idris: Os ti'n Gymro Cymraeg a ti ddim yn depressed, ti'm
yn talu digon o sylw!

Saib.

Lowri: Dwi 'di deud wrth Dad am werthu'r ffarm i Peter.

Idris: Shit. Be nei di?

Lowri: Mbo… Mae o'n eitha dychrynllyd os dwi'n onast!
Ella symuda i i Gaerdydd 'tha pawb arall… dim bod
chdi'n hysbyseb gwych i fanno…

Idris: Nadw. Sori.

Lowri:	Ella a'i i deithio neu wbath…
Idris:	O'n i wastad yn cymryd y baswn i'n symyd nôl adra yn diwadd… swn i'm yn gallu fforddio cwt ieir ffor hyn bellach… Ti'm yn sylweddoli weithia bod gen ti gynllun, nes i ti weld bod y bali peth 'di chwalu…

Saib.

Lowri:	Sgen ti ffrindia'n Gaerdydd?
Idris:	Gen i bobol fyddai'n gweld yn pyb, weithia… ond neb sa'n gweld 'y ngholli i taswn i ddim yno. Neb sa'n galw heibio i neud yn siŵr bo' fi heb yfad fy hun i farwolaeth. Neb fel Daf.

Saib.

Idris:	Ynglyn â be ddudish i am Samantha…
Lowri:	Anghofia fo… dio'm yn bwysig.
Idris:	Mae'n wir y gnesh i… wsti…
Lowri:	'I ffingro hi yn toilets Tŷ Newydd, Sarn?
Idris:	Ia… ond… nesh i siarad go iawn efo hi'r noson honno… yn Susnag… ac odd hi'n neis… ac o'n i'n neis hefyd… dwi rioed 'di licio fy hun ryw lawer, ond efo hi, mewn iaith arall, o'n i'n medru bod yn rhywun gwahanol… nid y cachwr sbeitlyd ag ydw i fel arfar… ond y bora wedyn o'n i'n poeni be fasa pobol erill yn feddwl… be sa Daf yn feddwl… felly nes i jyst anwybyddu hi ar ôl hynny.

Ryw dro, odd 'na fersiwn ohona i, o'n i wir yn licio… yr un welodd Samantha odd hwnnw… yr un sy'n siarad Susnag… |

Saib.

Lowri: Tisho dawnsio?

Idris: Dwi'm yn gallu dawnsio.

Lowri: 'Di neb yn gallu dawnsio siŵr, ti jyst yn neud o.

Saib.

Lowri: Yli, naill ai ti'n dod allan fan'na a downsho efo fi,
neu gei 'di ista'n fama'n pwdu.

Saib.

Lowri: Ac ella, os ti'n lwcus, ac os ydw i'n ddigon
gwirion... na'i snogio chdi ar y dansfflôr... ac mae
'na jans reit dda y byddai'n difaru o bora fory, jyst
fel y byddai'n difaru cytuno i werthu'r fferm i Peter,
ond ella, fydda i ddim yn difaru... a gawn ni ei
chymryd hi o fan'no...

Idris: Mae hwnna'n swnio fel cynllun ofnadwy, Lowri.
Achos dwi newydd wylio chdi'n chwydu dy berfedd
allan ar y traeth... ond ar hyn o bryd, hwnna ydi'r
unig un sydd ganddon ni.

*Mae'r ddau'n ymuno gyda'r dawnsio. Y gân sy'n chwarae ydi
'Sebona fi' gan Yws Gwynedd.*

Lowri: Mae hi'n anodd bod yn Gymro... ond weithia ti'n
cael dawnsio'n pissed i hon, a bryd hynny mae o
ffocing werth o.

Mae'r ddau yn dawnsio.

Idris: Ddaru ni ddim snogio ar y dansfflôr.

Lowri: Ond mi ddalion ni i ddawnsio...

Idris: … a siarad…

Lowri: … a malu cachu…

Idris: … nes bod hi'n hwyr ofnadwy. Mi helpon ni'n hunain i weddillion y *byffe*…

Lowri: …ac am y tro cynta erioed, nes i drio caws glas… ac o'dd o'n ffocing anhygoel! Pam bo fi rioed 'di buta hwn o'r blaen?!

Idris: Pobol efo pres de, mae gan y ffycars ffocing chwaeth!

Lowri: Os mae llefrith di'r cocên, caws glas ydi'r crac cocên!

Idris: Wn i ddim prun ohonon ni nath gael y syniad gwirion i feicio i weld Ynys Enlli.

Lowri: Odd o'n syniad gwirion.

Idris: Ond nath Lowri sôn bod hi rioed 'di bod i Ffynnon Fair ac wedyn roddan ni'n cerddad draw i'r tŷ i chwilio am ddau feic.

Pwy wyddo fod Pen Llŷn mor ffocing alltiog!?

Lowri: Odd o fel troi'r cloc yn ôl ganrif a hanner… cyn i geir y twristiaid ddod i dagu'r lonydd… dwi'n reidio lawr yr allt i Aberdaron ffwl pelt heb frêcio… ac mae o'n deimlad braf…

Idris: Erbyn i ni gyrraedd Uwchmynydd roedd hi'n dechrau goleuo'n y Dwyrain…

Lowri: … a goleudy Ynys Enlli yn wincio arnon ni ar y gorwel.

Idris: Dyma'r olygfa ola sa'r pererinion 'di weld cyn croesi'r swnt am Enlli.

Lowri: Da ni'n dringo lawr i'r ffynnon... ac mae hi'n bump y bora. A dwi ofn braidd.

Idris: A dwi ofn braidd.

Lowri: Ond ddim isho dangos hynny.

Idris: ... a dwi'n meddwl mai hwn di'r sobra dwi 'di bod am bump y bora ers blynyddoedd.

Lowri: A dwi'n meddwl tybed os ydi Dad 'di cael rhywun i'w helpu fo efo'r godro...

Ella y g'nai rentu'r tir i Peter yn hytrach na'i werthu... achos pwy call sa'n gadael fynd ar y tir yma...

Idris: Da ni'n cyrraedd y ffynnon, a dwi'n tynnu'n *hipflask* i allan ac yn tywallt gweddillion y fodca i mewn i'r môr islaw...

Lowri: Mae o'n plygu lawr ac yn llenwi ei fflasg efo dŵr o Ffynnon Fair...

Idris: A does na'm ffordd yn y byd nad oedd y ffynnon hon yn sanctaidd cyn i neb glywad am Fair na Iesu Grist na'r basdad blin o Dduw hen destament 'na.

Lowri: Mae o'n trin y dŵr fel tasa fo wir yn wbath sanctaidd...

I Dafydd a Samantha. Am eu bod nhw mewn cariad.

Idris: I Dafydd a Samantha.

Lowri: Mae bach o flas fodca ar ôl ar y dŵr.

Idris: Ma'r dŵr yn blasu fel fodca a halan a ffydd.

Lowri: Ac mae o'n blasu fel perthyn…

Idris: A'r eiliad honno… wrth i mi edrych draw am Enlli … mi afaelodd hi'n fy llaw i…

Mae'r ddau yn gafael dwylo.

Llen.